Pais Narcisistas: O Desafio de Ser Filho ou Filha de um Pai Narcisista, e Como Superar. Um Guia para Cura e Recuperação Após o Abuso Dissimulado

Publicações de Alexandria

Published by Digital Mind, 2024.

While every precaution has been taken in the preparation of this book, the publisher assumes no responsibility for errors or omissions, or for damages resulting from the use of the information contained herein.

PAIS NARCISISTAS: O DESAFIO DE SER FILHO OU FILHA DE UM PAI NARCISISTA, E COMO SUPERAR. UM GUIA PARA CURA E RECUPERAÇÃO APÓS O ABUSO DISSIMULADO

First edition. January 24, 2024.

Copyright © 2024 Publicações de Alexandria.

ISBN: 979-8224462520

Written by Publicações de Alexandria.

Also by Publicações de Alexandria

Hipnose Extrema para Perda Rápida de Peso em Mulheres: Aprenda a Perder Peso com Hipnose e Poder Mental.
Aprender a Administrar o Dinheiro: Educação Financeira desde a Infáncia até a Adolescencia.Ensinando seus Filhos a Poupar, Gastar e Investir de Forma Inteligente.
Pais Narcisistas: O Desafio de Ser Filho ou Filha de um Pai Narcisista, e Como Superar. Um Guia para Cura e Recuperação Após o Abuso Dissimulado
Mães Narcisistas: A Verdade sobre ser Filha de uma Mãe Narcisista e Como Superar. Um Guia para Cura e Recuperação após o Abuso Narcisista

Sumário

Introdução

Bem-vindo à jornada de exploração de um dos fenômenos mais complexos e perturbadores que podem afetar a dinâmica familiar : o narcisismo parental. Este livro mergulha nas profundezas deste tema delicado e muitas vezes subestimado, com o objetivo de lançar luz sobre os padrões de comportamento narcisistas que impactam diretamente a paternidade e o desenvolvimento emocional das crianças.

Na própria estrutura da parentalidade , onde se espera que o amor e o apoio incondicionais floresçam, o narcisismo parental introduz uma dinâmica distorcida. Os pais narcisistas, com o seu desejo insaciável de atenção, falta de empatia e manipulação emocional, tecem uma teia complexa que pode deixar cicatrizes profundas na autoestima e no bem-estar psicológico dos seus filhos.

Ao longo destas páginas exploraremos não só as características do narcisismo parental, mas também as suas manifestações concretas na vida quotidiana. Desde a competição excessiva com os próprios filhos até à incapacidade de reconhecer as suas necessidades emocionais, examinaremos como estes padrões de comportamento afetam a saúde mental e emocional das crianças, influenciando a sua capacidade de estabelecer relações saudáveis no futuro.

À medida que nos aprofundamos nesta análise, também forneceremos ferramentas práticas para identificar e lidar com o narcisismo parental. Desde o estabelecimento de limites saudáveis até à procura de apoio emocional e à exploração de opções terapêuticas, este livro procura ser um farol de conhecimento e orientação para aqueles que enfrentam o desafio único de ter pais narcisistas.

Através de histórias de resiliência, conselhos práticos e orientações de profissionais da área, pretendemos oferecer não apenas uma compreensão mais profunda deste fenômeno, mas também um caminho para a cura e construção de uma vida plena e consciente.

Junte-se a nós nesta jornada de compreensão, cura e capacitação enquanto desvendamos os complexos fios do narcisismo parental e exploramos a possibilidade de um futuro mais saudável e equilibrado para aqueles que foram impactados por esta realidade desafiadora.

Capítulo 1: Definição e Características do Narcisismo

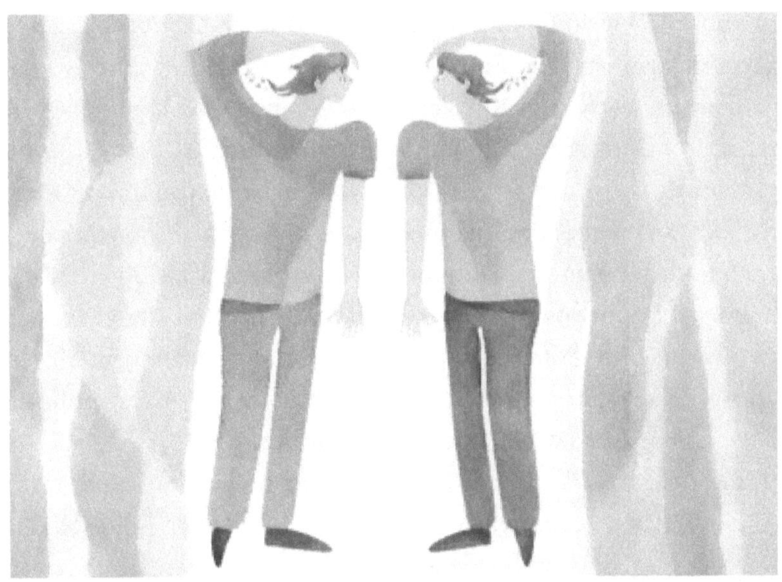

Na jornada rumo a uma compreensão profunda do complexo fenômeno do narcisismo em adultos, mergulhamos no cerne de seus fundamentos psicológicos. Este primeiro capítulo serve de porta de entrada para uma análise aprofundada do narcisismo, explorando as suas raízes na psicologia, as suas dimensões e as manifestações específicas que se manifestam na dinâmica adulta.

1.1. Narcisismo em Psicologia

No intrincado universo da psicologia, o narcisismo permanece como um fenômeno fascinante e muitas vezes desafiador para compreender. Esta construção psicológica, enraizada na mitologia grega com o mito de Narciso, encontrou o seu caminho nas teorias e práticas da psicologia moderna, fornecendo uma lente através da qual examinamos padrões comportamentais

e dinâmicas relacionais. Aprofundar-se na definição e nas características do narcisismo revela uma complexa tapeçaria de autopercepção, interação social e, no contexto que exploramos aqui, a dinâmica peculiar da parentalidade narcisista
.

Definindo o narcisismo: além da reflexão mitológica . Na sua essência, o narcisismo em psicologia refere-se a um padrão de traços de personalidade caracterizado por autocentramento excessivo , busca constante de admiração e falta de empatia pelas necessidades e experiências dos outros. A raiz do termo vem de Narciso, o jovem da mitologia grega que se apaixonou pela sua própria imagem refletida em um lago. Enquanto o mito mitológico descreve uma fixação literal na imagem, o narcisismo psicológico abrange uma gama mais ampla de comportamentos e atitudes enraizados na auto-admiração .

Características do narcisismo: um olhar sobre a dinâmica interna . As características do narcisismo, quando manifestadas na personalidade, podem criar um conjunto distinto de comportamentos observáveis. A busca constante pela admiração é um dos pilares, manifestando-se num desejo insaciável de atenção e validação. A falta de empatia, outro componente central, resulta na incapacidade de se conectar emocionalmente com os outros, priorizando as próprias necessidades em detrimento das dos outros.

A autoestima frágil, paradoxalmente encoberta por uma fachada de grandiosidade, marca outro traço característico. A vulnerabilidade subjacente leva a uma extrema suscetibilidade a críticas, o que pode resultar em respostas defensivas ou mesmo agressivas para proteger a autoimagem idealizada.

Dimensões do narcisismo: não existe uma, mas várias nuances . É importante destacar que o narcisismo não é um fenômeno homogêneo; em vez disso, ele vem em diversas dimensões. O narcisismo grandioso, por um lado, é caracterizado por uma autoavaliação inflada e pela crença na própria superioridade. Por outro lado, o narcisismo vulnerável revela uma fachada de grandiosidade que esconde uma frágil auto-estima e um profundo sentimento de vergonha interna.

Narcisismo na parentalidade : o desafio da parentalidade a partir do ego . Quando transferimos essas características para a área da parentalidade , desvenda-se um cenário complexo e muitas vezes prejudicial. Um pai narcisista pode perceber os seus filhos como extensões de si mesmo, procurando satisfazer as suas próprias necessidades de validação através das realizações e sucessos da prole. A falta de empatia pode traduzir-se numa incapacidade de reconhecer e satisfazer as necessidades emocionais genuínas das crianças, criando um ambiente de falta emocional.

O Desafio de Estabelecer Conexões Saudáveis: Impacto na Relação Pais -Filhos . A relação entre um pai narcisista e seu filho pode se tornar um campo de batalha emocional. A criança, ávida por amor e reconhecimento, pode ficar presa num ciclo de busca constante pela aprovação dos pais. No entanto, a falta de empatia e a busca de admiração do pai narcisista podem criar uma dinâmica dolorosa de invalidação e rejeição das necessidades emocionais legítimas da criança.

Este desafio na formação de ligações saudáveis pode ter consequências duradouras no desenvolvimento emocional de uma criança, afectando a auto-estima, a capacidade de formar relacionamentos significativos e a compreensão do que significa experimentar um amor genuíno e incondicional.

A psicologia do narcisismo na parentalidade : um espelho para reflexão . Ao explorar o narcisismo na psicologia e sua manifestação na parentalidade , investigamos as complexidades da autoimagem, dos relacionamentos e do impacto duradouro na dinâmica familiar. Esta análise não procura simplificar ou estigmatizar, mas sim convidar a uma reflexão profunda sobre as dinâmicas que podem afectar o ambiente em que as crianças crescem e se desenvolvem. O narcisismo na parentalidade é um espelho que reflete desafios e complexidades, e é através da compreensão e da consciência que podemos começar a desvendar as suas camadas e procurar caminhos para a cura.

1.2. Manifestações do narcisismo na parentalidade

Explorar o narcisismo na parentalidade implica aprofundar-se nas manifestações concretas deste fenómeno na dinâmica familiar. Essas manifestações, entrelaçadas na criação dos filhos, criam um ambiente que impacta profundamente o desenvolvimento emocional das crianças. Examinar estas manifestações de perto revela um cenário complexo de comportamentos que se manifestam de formas específicas e muitas vezes subtis.

1. **Validação Condicional: A Miragem do Amor Incondicional** . Uma das manifestações mais proeminentes do narcisismo na criação dos

filhos é a validação condicionada. Em vez de oferecer amor incondicional, o pai narcisista tende a validar o filho apenas com base em suas realizações ou em como essas conquistas refletem positivamente nos pais. Isso cria uma miragem de aceitação, onde o amor e a validação são transitórios e dependentes do desempenho da criança, gerando um senso distorcido de autoestima .

2. **Competição excessiva: a corrida pela admiração** . O desejo constante de admiração por parte do narcisista pode levar a uma competição excessiva com os próprios filhos. Em vez de promover um ambiente de apoio e crescimento mútuo, o pai narcisista vê os seus filhos como potenciais rivais. Esta dinâmica competitiva pode manifestar-se em comparações constantes, na rejeição das conquistas da criança ou mesmo na apropriação dos sucessos infantis para satisfazer a necessidade insaciável de auto-reconhecimento.

3. **Manipulação Emocional: A Técnica Sutil de Controle** . A manipulação emocional torna-se uma ferramenta hábil nas mãos do pai narcisista. Com uma habilidade magistral de ler as necessidades e desejos da criança, o narcisista usa a manipulação emocional para manter um controle sutil, mas firme. Essa manipulação pode se manifestar de diversas formas, desde a vitimização até a manifestação estratégica de emoções para obter o que desejam. As crianças, presas neste jogo, podem sentir confusão e culpa, sem compreender totalmente as forças que agem sobre elas.

4. **Descarte das necessidades da criança: um eco silenciado** . As genuínas necessidades emocionais e psicológicas da criança são frequentemente desconsideradas no ambiente narcisista. A falta de empatia dos pais narcisistas impede uma conexão real com as experiências e necessidades da criança. A criança pode sentir que suas emoções são banalizadas ou ignoradas, criando um vazio emocional que impacta a percepção que tem de si mesma e sua capacidade de estabelecer relacionamentos significativos.

5. **Impondo expectativas irrealistas: o peso das expectativas inatingíveis** . O narcisista, movido pela sua própria busca pela grandeza, pode impor expectativas irrealistas aos seus filhos. A pressão constante para cumprir padrões inatingíveis pode resultar num fardo esmagador

para a criança. Este fardo de expectativas irrealistas pode ter consequências significativas no desenvolvimento do autoconceito da criança , levando-a a sentir que nunca poderá satisfazer as exigências exageradas dos pais.

6. **Usando a culpa como ferramenta de controle: correntes invisíveis** . A manipulação narcisista muitas vezes usa a culpa como uma ferramenta eficaz de controle. A criança pode encontrar-se acorrentada pela culpa, uma emoção habilmente manipulada para manter a lealdade e a submissão. O narcisista, consciente ou inconscientemente, utiliza essa tática para garantir que a criança permaneça no papel de cuidadora ou provedora das necessidades emocionais dos pais, perpetuando assim a dinâmica narcisista.

Capítulo 2: Impacto nas Crianças

O vínculo entre pais e filhos é essencial para o desenvolvimento emocional e psicológico destes últimos. Quando este vínculo é afetado pelo narcisismo parental, as consequências podem ser significativas e duradouras. Neste segundo capítulo, exploraremos de perto como o narcisismo dos pais afeta os filhos, deixando vestígios emocionais que perduram ao longo do tempo.

2.1 Efeitos emocionais e psicológicos do impacto nas crianças

Vamos nos aprofundar no intricado tecido de como a dinâmica dos pais narcisistas deixa uma marca profunda no mundo emocional e psicológico de seus filhos. Quando os pais estão envoltos no véu do narcisismo, os efeitos emocionais sobre os filhos podem ser significativos. Um dos impactos mais notáveis é o desenvolvimento da autoestima. As crianças que crescem à sombra de pais narcisistas muitas vezes enfrentam desafios na construção de uma autoimagem positiva. A busca constante dos pais por validação pode fazer com que os filhos se sintam inadequados e questionem seu próprio valor.

O relacionamento entre a criança e o pai narcisista também pode afetar a capacidade do primeiro de formar relacionamentos saudáveis no futuro. A necessidade crónica de atenção e a competição constante podem lançar sementes de insegurança, tornando difícil para as crianças confiar nos outros e formar ligações significativas.

O manto do narcisismo parental muitas vezes molda a percepção que as crianças têm de si mesmas. A busca constante pela aprovação de um pai narcisista pode levar à internalização do diálogo interno negativo. As crianças podem adotar uma autocrítica implacável, buscando constantemente a perfeição para obter aquele lampejo de aprovação que raramente surge.

A nível psicológico, os filhos de pais narcisistas podem enfrentar desafios no desenvolvimento de competências de enfrentamento. A falta de apoio emocional e de foco nas necessidades do pai pode fazer com que os filhos se sintam sozinhos em meio às dificuldades. Isso pode resultar em uma capacidade limitada de lidar com o estresse e as adversidades da vida.

A manipulação emocional, tática comum na interação com pais narcisistas, também deixa sua marca. As crianças podem desenvolver extrema sensibilidade aos sinais emocionais dos outros como resultado de estarem constantemente alertas às novas necessidades dos pais. Isso pode levar à hipervigilância emocional e à preocupação constante com o bem-estar dos outros, às vezes em detrimento das próprias necessidades.

A falta de limites claros na dinâmica com um pai narcisista também pode ter consequências negativas. As crianças podem ter dificuldade em estabelecer limites saudáveis nas suas relações e podem ficar presas em padrões de co-dependência, procurando constantemente aprovação e validação externas.

Estes efeitos emocionais e psicológicos são apenas vislumbres da complexidade que envolve a parentalidade sob a sombra do narcisismo parental. As crianças, moldadas por estas dinâmicas, carregam consigo as cicatrizes invisíveis que afetam o seu bem-estar emocional e a forma como se relacionam consigo mesmas e com o mundo que as rodeia.

2.2 Desenvolvimento da Autoestima em Filhos de Pais Narcisistas

Este percurso leva-nos a compreender como a interação com um progenitor com traços narcisistas pode moldar a perceção que os filhos têm de si próprios, marcando um caminho complexo para a construção de uma autoimagem saudável.

Na área da autoestima, os filhos de pais narcisistas enfrentam frequentemente desafios significativos. A necessidade constante de validação por parte dos pais pode semear dúvidas e insegurança no coração de uma criança. A autoestima, base essencial para a autoconfiança, pode ser prejudicada quando a atenção e os elogios são condicionais e elusivos.

O elogio seletivo é uma ferramenta parental comum em lares com pais narcisistas. As crianças podem descobrir que a aprovação dos pais está intimamente ligada a realizações externas e à capacidade de satisfazer expectativas irrealistas. Esta abordagem condicional pode gerar uma autoestima frágil e dependente da aprovação externa.

A falta de reconhecimento genuíno das realizações individuais também tem impacto na autoavaliação das crianças. Quando os sucessos são ofuscados pelas necessidades dos pais, os filhos podem internalizar a crença de que nunca são bons o suficiente. Esse padrão de pensamento pode persistir na vida adulta, afetando a maneira como enfrentam desafios e buscam validação em diversas áreas.

A competição constante com pais narcisistas por atenção e aprovação pode levar a comparações constantes com outras pessoas. As crianças podem internalizar a crença de que o seu valor está diretamente relacionado com a sua capacidade de se destacarem da multidão. Esta abordagem comparativa pode levar a uma autoavaliação distorcida, onde a autoestima é medida em termos de superioridade sobre os outros.

O ciclo de busca de aprovação e validação pode se tornar uma constante na vida dessas crianças. A auto-estima pode estar intrinsecamente ligada à resposta externa, criando uma vulnerabilidade à crítica e uma necessidade insaciável de reconhecimento. A incapacidade de encontrar segurança no próprio valor, independentemente da aprovação externa, torna-se emocionalmente onerosa.

O impacto no desenvolvimento da autoestima é um aspecto sensível e crucial quando se explora como os filhos de pais narcisistas navegam no complexo mundo emocional. Esta análise leva-nos a refletir sobre a importância de promover um ambiente onde a autoestima possa florescer de forma saudável, longe das sombras do narcisismo parental.

Capítulo 3: Padrões de comportamento narcisista na criação dos filhos

Na jornada de compreensão do impacto dos pais narcisistas nos seus filhos, é crucial examinar de perto os padrões comportamentais específicos que caracterizam esta forma de parentalidade. Este terceiro capítulo investiga as dinâmicas cotidianas que definem a relação entre pais e filhos narcisistas, explorando como esses comportamentos influenciam o desenvolvimento emocional e psicológico dos pequenos.

3.1. Manipulação Emocional na Paternidade Narcisista

Aqui encontramos um aspecto profundamente enraizado e potencialmente prejudicial: a manipulação emocional e como ela está presente nas interações diárias entre pais narcisistas e seus filhos.

A manipulação emocional, no contexto da parentalidade narcisista , manifesta-se de formas diversas, mas poderosas. Um dos elementos-chave é o uso das emoções das crianças como ferramenta para manter o controle. Os pais narcisistas, na sua busca constante por validação e atenção, podem recorrer a tácticas subtis para influenciar as emoções dos seus filhos, criando um terreno emocional instável.

Um método comum de manipulação emocional é a culpa . Os pais narcisistas, mestres habilidosos na arte de desviar responsabilidades, podem fazer com que os filhos se sintam culpados por expressarem necessidades ou desejos que competem com as exigências dos pais. Esta tática cria um ambiente onde as crianças podem duvidar da legitimidade das suas próprias emoções, perpetuando um ciclo de manipulação subtil mas eficaz.

A vitimização é outra estratégia frequentemente utilizada. Os pais narcisistas podem retratar-se como vítimas, fazendo com que os filhos sintam o peso de satisfazer as suas necessidades emocionais. Este papel de vítima não só desvia a atenção das responsabilidades parentais, mas também manipula as emoções das crianças, gerando um sentimento de obrigação e culpa.

A invalidação emocional é um componente adicional de manipulação na educação narcisista . Os pais podem minimizar ou ignorar as emoções legítimas dos filhos, descartando os seus sentimentos e experiências. Esta invalidação cria um ambiente onde as crianças podem começar a questionar a validade das suas próprias emoções, contribuindo para a confusão emocional e a procura constante de aprovação.

A manipulação emocional também pode se manifestar através da oscilação entre supervalorização e desvalorização. Os pais narcisistas podem alternar entre elogios excessivos e críticas implacáveis, criando um estado emocional volátil nos filhos. Este padrão pode fazer com que as crianças procurem constantemente validação, sem nunca terem a certeza da sua posição na escala de aprovação dos pais.

A manipulação emocional na paternidade narcisista deixa cicatrizes invisíveis no mundo emocional dos filhos. A confusão emocional, a dúvida e a necessidade constante de satisfazer as demandas emocionais dos pais são algumas das consequências que podem durar até a idade adulta. Ao explorar este aspecto, esclarecemos como a manipulação emocional pode tornar-se uma componente intrínseca da parentalidade narcisista e os seus efeitos duradouros no bem-estar emocional das crianças.

3.2. Falta de empatia na paternidade narcisista

Dentro da complexa trama dos padrões de comportamento narcisistas na parentalidade, existe um elemento central e revelador: a falta de empatia. Esta carência afeta as interações diárias entre pais narcisistas e seus filhos, deixando uma marca profunda na própria estrutura da relação parental.

A falta de empatia na criação narcisista manifesta-se na incapacidade dos pais de se conectarem emocionalmente com as experiências e necessidades dos filhos. Em vez de responder com sensibilidade às emoções dos filhos, os pais narcisistas podem concentrar-se desproporcionalmente nas suas próprias necessidades e desejos, criando um desequilíbrio emocional na dinâmica familiar.

Um dos aspectos mais óbvios desta falta de empatia é a dificuldade em reconhecer e responder aos sinais emocionais das crianças. Os pais narcisistas, envolvidos nas suas próprias preocupações e desejos, podem ignorar as necessidades emocionais legítimas dos seus filhos. Esta falta de reconhecimento pode fazer com que as crianças se sintam incompreendidas e sozinhas nas suas lutas emocionais.

A falta de validação emocional é outra consequência da falta de empatia na criação narcisista. As crianças podem ter dificuldades em expressar abertamente as suas emoções, temendo a falta de resposta ou a minimização dos seus sentimentos por parte dos pais. Esta dinâmica pode levar à desconexão emocional, onde as crianças aprendem a reprimir as suas necessidades emocionais para evitar a rejeição.

A falta de empatia também se reflete na incapacidade dos pais narcisistas de se colocarem no lugar dos filhos. As decisões e ações parentais podem ser motivadas principalmente pelas necessidades narcisistas dos pais, sem considerar plenamente o impacto no bem-estar emocional dos filhos. Esta falta de consideração pode gerar ressentimento e contribuir para a percepção dos filhos como simples extensões dos pais.

No domínio da parentalidade narcisista, a falta de empatia pode levar a uma dinâmica de invalidação constante. Os pais podem minimizar as experiências e sentimentos dos filhos, criando um ambiente onde a expressão emocional é constantemente subestimada. Esta invalidação repetida pode ter consequências significativas no desenvolvimento emocional das crianças, afetando a sua capacidade de estabelecer relações saudáveis na vida adulta.

A falta de empatia na parentalidade narcisista leva-nos a compreender como a desconexão emocional impacta diretamente o mundo emocional das crianças. A busca constante por validação e reconhecimento colide com a falta de resposta empática, criando uma dança emocional complexa que deixa as crianças navegando em águas turbulentas na sua jornada em direção à autoafirmação e à compreensão emocional.

3.3. Competição com crianças na paternidade narcisista

A competição com os filhos, no contexto da parentalidade narcisista , manifesta-se de diversas formas. Um aspecto fundamental é a busca constante de destacar as conquistas e capacidades dos próprios filhos. Os pais narcisistas, movidos pela necessidade de validação externa, podem sentir necessidade de demonstrar a sua superioridade, ofuscando por vezes as realizações legítimas dos seus filhos.

Esta competição pode influenciar os objetivos e aspirações das crianças. A pressão constante para atender às expectativas irrealistas dos pais narcisistas pode levar as crianças a desenvolver uma percepção distorcida do que constitui o sucesso. A autoavaliação pode estar intrinsecamente ligada à capacidade de se destacar em comparação com os pais, criando um ciclo de competição constante.

A falta de reconhecimento genuíno das realizações individuais das crianças é outro aspecto desta competição. Embora os pais narcisistas possam elogiar superficialmente o sucesso dos seus filhos, esta aprovação é muitas vezes condicionada à validação constante da superioridade parental. As conquistas individuais podem passar despercebidas ou minimizadas, contribuindo para um sentimento de inadequação nas crianças.

O impacto na autoestima é um componente crucial da competência das crianças. As crianças podem internalizar a crença de que o seu valor está diretamente ligado à sua capacidade de satisfazer as expectativas dos pais. Esta estreita ligação entre desempenho e autoestima pode criar uma carga emocional significativa, deixando as crianças numa busca constante por aprovação.

A competição também pode levar a uma dinâmica familiar tensa. A necessidade de se destacar pode tornar-se uma fonte de conflito, pois as crianças podem sentir uma pressão constante para satisfazer expectativas irrealistas. Esta dinâmica pode afetar a coesão familiar, criando um ambiente onde a validação parental se torna uma moeda emocional.

A luta constante pela aprovação e validação pode moldar o desenvolvimento emocional das crianças, deixando cicatrizes invisíveis que perduram até à idade adulta. Isto é, a competição subtil mas poderosa entre pais e filhos pode influenciar a auto-estima das crianças e a percepção do valor pessoal.

Capítulo 4: Ciclo de Abuso Narcisista na Família

Viver numa casa com pais narcisistas pode ser como navegar em águas turbulentas. Este capítulo investiga o ciclo de abuso narcisista que muitas vezes caracteriza a dinâmica familiar afetada pelo narcisismo parental. Exploraremos como este ciclo se desenrola, desde as fases iniciais até às estratégias de controlo que perpetuam a dinâmica disfuncional.

4.1. Fases do Ciclo de Abuso Narcisista na Família

Primeira fase: Idealização e Encantamento

O ciclo de abuso narcisista começa com a fase de idealização, onde o narcisista exibe encantos para ganhar a confiança e a devoção da família. Nesta fase, as crianças podem experimentar uma aparente supervalorização, recebendo atenção excessiva e elogios excessivos. Este encanto cria uma ilusão de harmonia e carinho, estabelecendo a base para a aceitação incondicional da família.

Segunda fase: Desencanto e Crítica

À medida que a família se adapta ao encanto inicial, surge a fase do desencanto. Aqui, o narcisista revela sua incapacidade de manter uma idealização constante. As críticas são introduzidas de forma sutil, desgastando a autoestima das crianças. A atenção e os elogios que antes fluíam generosamente podem se transformar em comentários depreciativos e humilhações, semeando as sementes do autoengano e da confusão na família.

Terceira fase: Desvalorização e Manipulação

A desvalorização se aprofunda na terceira fase, onde o narcisista intensifica a manipulação emocional. As crianças podem encontrar-se num terreno emocional volátil, procurando desesperadamente a aprovação que agora parece escapar-lhes. A manipulação subtil, muitas vezes envolta num manto de vitimização, cria um ambiente onde a família se sente obrigada a satisfazer necessidades narcisistas, mesmo que isso signifique sacrificar as suas próprias necessidades e bem-estar.

Quarta fase: Retirada e Punição

Na fase de retraimento, o narcisista se retrai emocionalmente, punindo a família com sua ausência emocional. A atenção e a validação, antes facilmente acessíveis, tornam-se escassas. As crianças podem enfrentar silêncios prolongados, criando ansiedade e confusão. Esta retirada é muitas vezes um ato de controle, onde o narcisista procura fazer valer o seu poder, mantendo a família num estado de constante antecipação.

Quinta fase: Reconciliação Temporária e Ciclo Renovado

A fase final do ciclo de abuso narcisista é a reconciliação temporária. O narcisista pode mais uma vez usar charme e elogios, buscando restabelecer a conexão emocional. As crianças, ansiando por aprovação e estabilidade, podem cair novamente na armadilha da idealização. No entanto, esta reconciliação é de curta duração, pois rapidamente desaparece para dar lugar a uma nova ronda do ciclo.

Esta análise das fases do ciclo de abuso narcisista destaca a natureza repetitiva e manipuladora deste padrão. A família fica presa em uma dança emocional, buscando constantemente aprovação e carinho que o narcisista estrategicamente concede e retira. Compreender estas fases é essencial para desvendar a complexidade da dinâmica familiar sob a sombra do abuso narcisista.

4.2. Estratégias de Controle

a. **Manipulação Emocional Constante** . Uma estratégia central no arsenal do narcisista é a manipulação emocional constante. Utiliza táticas como invalidar as emoções dos outros, minimizando as experiências legítimas dos familiares. Esta manipulação cria um ambiente onde as crianças podem duvidar da validade dos seus próprios sentimentos, caindo na armadilha da confusão emocional.

b. **Vitimização e Culpa** . A vitimização é outra ferramenta afiada na estratégia de controle narcisista. O narcisista pode se retratar como vítima, criando sentimentos de culpa na família. Esta tática não só desvia a atenção das ações do narcisista, mas também manipula as emoções das crianças, fazendo-as sentirem-se responsáveis pelas necessidades e desejos dos pais.

c. **Distorção da Realidade** . A distorção da realidade é uma tática sutil, mas poderosa, que o narcisista usa para manter o controle. Você pode reinterpretar eventos passados, mudar a narrativa e negar fatos óbvios. Esta manipulação da realidade deixa a família a questionar a sua própria percepção dos acontecimentos, criando um terreno fértil para o controlo da mente.

d. **Silêncio e Retraimento Emocional** . O silêncio e o afastamento emocional são estratégias que reforçam a dependência emocional da família em relação ao narcisista. Ao se afastar, o narcisista pune a família com sua ausência emocional, gerando ansiedade e medo. Essa tática reforça a ideia de que o carinho e a aprovação do narcisista são recursos escassos que devem ser conquistados por meio da submissão.

e. **Elogio Condicional e Competição Constante** . O elogio condicional e a competição constante são estratégias destinadas a manter a família em constante estado de busca de validação. Embora o narcisista possa fazer elogios superficiais, esses elogios estão intimamente ligados à validação constante da superioridade parental . A competição constante cria uma dinâmica de comparação que reforça a dependência da família do reconhecimento narcisista.

f. **Controle Financeiro e de Materiais** . O controle financeiro e material é outra faceta das estratégias de controle. O narcisista pode usar a posição financeira para manter a família ligada às suas necessidades e desejos. Esse controle material cria dependência financeira, dificultando que a família estabeleça limites ou questione as ações do narcisista.

Estas estratégias de controle são engrenagens fundamentais no mecanismo do ciclo de abuso narcisista na família. Eles trabalham juntos para manter os membros da família em constante estado de dependência emocional e busca de aprovação. Compreender estas tácticas é essencial para desmantelar a rede de controlo narcisista e iniciar o processo de cura dentro da família.

Capítulo 5: Identificação e Diagnóstico

Neste capítulo, nos aprofundamos na tarefa de reconhecer padrões narcisistas, compreender seus sinais distintivos e explorar as ferramentas que a psicologia nos oferece para diagnosticar com precisão essa construção complexa.

5.1. Sinais de um pai narcisista: identificação e diagnóstico

Necessidade excessiva de validação e admiração . Um sinal característico de um pai narcisista é uma necessidade excessiva de validação e admiração. Esse pai busca constantemente a aprovação dos outros, buscando ter sua autoestima reforçada por meio de elogios e reconhecimento. Esta necessidade insaciável pode levar a uma dinâmica em que as crianças sentem uma pressão constante para satisfazer as expectativas irrealistas do pai narcisista.

Falta de empatia e consideração pelas necessidades das crianças . A falta de empatia é uma característica fundamental que se manifesta na incapacidade dos pais narcisistas de compreender e responder às necessidades emocionais dos filhos. Em vez de se conectar emocionalmente, esse pai pode se concentrar desproporcionalmente em suas próprias necessidades, fazendo com que os filhos se sintam incompreendidos e negligenciados.

Competição Constante com Crianças . A competição constante com as crianças é outro sinal revelador. O pai narcisista pode sentir necessidade de destacar as conquistas e habilidades dos próprios filhos, criando uma dinâmica onde a validação parental está ligada à superioridade dos pais. Essa competição pode gerar pressão e ansiedade nas crianças, afetando sua autoestima e percepção de valor pessoal.

Manipulação Emocional e Vitimização . A manipulação emocional e a vitimização são estratégias que o pai narcisista utiliza para manter o controle. Podem retratar-se como vítimas, gerando sentimentos de culpa na família. Esta manipulação sutil desvia a atenção das ações dos pais narcisistas, criando um ambiente onde os filhos se sentem obrigados a atender às necessidades emocionais dos pais.

Elogio Condicional e Desvalorização Constante . Elogios condicionais e desvalorização constante são padrões que podem indicar a presença de um pai narcisista. Embora possam fazer elogios superficiais, esses elogios são muitas vezes condicionados à validação constante da superioridade parental. Já a desvalorização pode se manifestar por meio de críticas e desqualificações constantes, desgastando a autoestima das crianças.

Incapacidade de reconhecer erros e responsabilidades . A incapacidade de reconhecer erros e assumir responsabilidades é um sinal importante. O pai narcisista pode ter dificuldade em admitir falhas, preferindo desviar a responsabilidade ou reinterpretar os acontecimentos. Esta falta de responsabilização pode criar um ambiente onde as crianças aprendem a duvidar das suas próprias percepções e experiências.

Ciclos de Idealização e Desencanto nas Relações Familiares . Ciclos de idealização e desencanto nas relações familiares são padrões repetitivos que indicam a presença de um genitor narcisista. Esse pai pode exibir encantos iniciais para conquistar a devoção da família, mas esses períodos de idealização são seguidos por fases de desencanto, onde a crítica e a desvalorização entram em jogo.

Reconhecer esses sinais é essencial para compreender a dinâmica da parentalidade narcisista. A identificação precoce pode abrir portas para estratégias de enfrentamento e apoio, fornecendo ferramentas valiosas para enfrentar os desafios que surgem no contexto da parentalidade narcisista.

5.2. Avaliação Profissional na Identificação e Diagnóstico de Pais Narcisistas

No quinto capítulo da nossa jornada rumo à compreensão dos pais narcisistas, nos aprofundamos no terreno crucial da avaliação profissional. Este processo desempenha um papel vital na identificação e diagnóstico de padrões parentais narcisistas. Através de diferentes ferramentas e abordagens, profissionais como psicólogos e terapeutas procuram decifrar as complexidades da dinâmica familiar e oferecer estratégias adaptadas a cada situação.

Entrevistas Clínicas: A Voz da Experiência

As entrevistas clínicas são faróis brilhantes que iluminam a jornada de avaliação. Nessas interações, os profissionais não apenas ouvem as narrativas dos pais, mas observam seu comportamento, expressões faciais e tom de voz. Estas entrevistas oferecem uma janela para a dinâmica familiar, permitindo aos profissionais discernir padrões de comportamento narcisista, como necessidade excessiva de validação ou falta de empatia.

Observação Comportamental: Uma Radiografia Familiar

Observar o comportamento em situações familiares cotidianas é como fazer uma radiografia da vida cotidiana. Os profissionais examinam como o pai narcisista se relaciona com os filhos, como eles lidam com situações estressantes e como respondem às necessidades emocionais da família. Esta abordagem prática fornece informações valiosas sobre a dinâmica relacional, identificando potenciais sinais de narcisismo que podem não ser evidentes num ambiente clínico.

Análise da Empatia e Reconhecimento das Necessidades das Crianças

A capacidade dos pais de expressar empatia e reconhecer as necessidades emocionais dos filhos é um indicador crucial. Durante a avaliação, os profissionais procuram sinais de falta de empatia, como a incapacidade de compreender as experiências das crianças. Esta análise aprofundada revela se os pais conseguem responder adequadamente às necessidades emocionais dos filhos ou se estas são ofuscadas pelas próprias exigências dos pais.

Explorando a história da família: tecendo a tapeçaria do narcisismo

A história da família é um tesouro de informações que ajuda a tecer a tapeçaria do narcisismo. Os praticantes exploram padrões ao longo do tempo, procurando ciclos repetitivos de idealização e desencanto, bem como a presença de manipulação emocional. Compreender como os relacionamentos passados dos pais influenciam a dinâmica atual fornece uma visão mais completa das tendências narcisistas na criação dos filhos.

Avaliação de habilidades parentais e respostas ao estresse

A avaliação das competências parentais é como um espelho que reflete a capacidade dos pais de se adaptarem às novas necessidades dos filhos. Os profissionais observam como os pais lidam com situações desafiadoras e se mostram flexibilidade em suas abordagens. Respostas desproporcionais ao estresse ou rigidez nas práticas parentais podem ser indicadores de traços narcisistas.

Reconhecimento e aprendizagem de erros: a chave para a adaptabilidade

A disposição dos pais em reconhecer os erros e aprender com as experiências é uma chave importante. Os profissionais exploram se os pais podem assumir a responsabilidade e abordar áreas de melhoria. A relutância em reconhecer erros ou desviar responsabilidades pode ser um sinal de traços narcisistas que afetam a capacidade dos pais de se adaptarem e aprenderem.

Análise da relação terapêutica: um espelho de mudança potencial

A relação terapêutica é como um espelho que reflete o potencial de mudança. Os profissionais avaliam a vontade dos pais em participar no processo terapêutico, a sua capacidade de estabelecer uma ligação genuína e a sua abertura à mudança. A resistência à introspecção ou a falta de compromisso podem influenciar a avaliação global da presença de traços narcisistas.

Esta avaliação profissional, utilizando uma série de ferramentas e abordagens, permite uma compreensão mais profunda da presença de traços narcisistas na parentalidade. É um passo essencial na concepção de estratégias de intervenção eficazes e no fornecimento do apoio necessário para promover uma dinâmica familiar mais saudável.

Capítulo 6: Enfrentando o Desafio: Estratégias para Lidar com um Pai Narcisista

No sexto capítulo, mergulhamos na desafiadora tarefa de confrontar um pai narcisista. A subseção "Estabelecendo Limites Saudáveis" torna-se uma bússola prática para aqueles que buscam equilibrar autenticidade e autoproteção no contexto de um relacionamento complexo com um pai narcisista.

6.1. Estabelecendo limites saudáveis: navegando no terreno com um pai narcisista

Reconhecendo a importância dos limites pessoais

Definir limites saudáveis começa com o reconhecimento fundamental da importância dos limites pessoais. É imperativo compreender que estabelecer limites não é um ato de egoísmo, mas sim uma necessidade essencial para preservar a saúde emocional e manter relacionamentos equitativos. Aceitar que é válido ter necessidades e limites individuais é a base sobre a qual se constrói a capacidade de lidar eficazmente com um pai narcisista.

Clareza na Comunicação: Direta e Assertiva

A comunicação clara torna-se uma ferramenta poderosa ao estabelecer limites com um pai narcisista. Optar pela clareza direta e assertiva é essencial. Expressar de forma simples e firme quais são os limites pessoais e quais comportamentos são inaceitáveis estabelece uma estrutura clara para a interação. Evitar ambiguidade e imprecisão é fundamental para evitar mal-entendidos e manipulações por parte do pai narcisista.

Definindo Consequências Claras e Coerentes

Definir limites eficazes envolve definir consequências claras e consistentes caso esses limites sejam violados. Estabelecer antecipadamente as repercussões de certos comportamentos narcisistas fornece uma estrutura sólida. Esta previsão reduz a manipulação potencial por parte do pai narcisista, deixando claro que as ações têm consequências previsíveis.

Aprendendo a dizer "não" sem culpa

A capacidade de dizer "não" sem se sentir oprimido pela culpa é uma arte que se aprimora diante de um pai narcisista. É essencial reconhecer que dizer "não" não é um ato de deslealdade, mas sim uma afirmação saudável de limites. Libertar-se da carga emocional associada à rejeição das exigências narcisistas permite-lhe estabelecer limites firmes sem sacrificar a sua própria integridade.

Priorizando seu próprio bem-estar emocional

Definir limites saudáveis significa priorizar seu próprio bem-estar emocional. Este ato não só protege contra a manipulação narcisista, mas também abre um precedente para a autoestima e o autocuidado. Reconhecer que o autocuidado não é egoísta, mas essencial, é a pedra angular para construir um relacionamento mais equilibrado com um pai narcisista.

Manter distância emocional quando necessário

A distância emocional torna-se uma tática crucial ao confrontar um pai narcisista. Aprender a manter uma conexão emocional saudável e ao mesmo tempo estabelecer limites pode envolver momentos de distanciamento quando necessário. Esta medida não implica uma rejeição total, mas sim um passo para preservar a saúde mental em situações que podem ser emocionalmente desgastantes.

<u>Buscando suporte e recursos externos</u>

A definição de limites saudáveis é reforçada pela procura de apoio externo e pelo acesso aos recursos disponíveis. Conectar-se com amigos, familiares ou outras pessoas que enfrentaram desafios semelhantes fornece uma valiosa rede de apoio. Explorar recursos como livros, grupos de apoio online ou terapia individual pode oferecer insights adicionais e estratégias eficazes.

Estabelecer limites saudáveis ao confrontar um pai narcisista é um processo dinâmico que envolve um equilíbrio cuidadoso entre autenticidade pessoal e proteção emocional. Reconhecer a importância dos limites, comunicar-se com clareza, definir consequências, aprender a dizer "não" sem culpa, priorizar o próprio bem-estar, manter distância emocional quando necessário e buscar apoio externo tornam-se ferramentas poderosas para quem busca enfrentar esse desafio. resiliência e autocuidado.

6.2. Buscando apoio emocional: uma âncora na jornada de lidar com um pai narcisista

<u>"Buscar Apoio Emocional"</u> torna-se uma âncora essencial na jornada emocional, fornecendo o sustento necessário para navegar pelas complexidades deste relacionamento único.

Compartilhando experiências com pessoas de confiança . Abrir o coração e compartilhar experiências com pessoas de confiança é o primeiro pilar na busca de apoio emocional. Quer sejam amigos próximos, familiares ou colegas de confiança, ter um espaço para expressar as emoções e os desafios associados a um pai narcisista alivia a carga emocional. A empatia e a compreensão destes confidentes podem ser uma valiosa fonte de apoio.

Explorando grupos de suporte e comunidades online . A ligação a grupos de apoio e comunidades online apresenta-se como uma opção acessível e enriquecedora. A singularidade da experiência de enfrentar um pai narcisista é partilhada com aqueles que passaram por desafios semelhantes. Estes espaços oferecem um terreno fértil para a troca de conselhos práticos, estratégias eficazes e, o mais importante, a validação emocional que muitas vezes falta nas relações com pais narcisistas.

Procurando aconselhamento profissional . Buscar aconselhamento profissional é a base na construção de um sistema robusto de apoio emocional. Psicólogos, terapeutas e conselheiros têm as ferramentas e a experiência necessárias para orientar aqueles que enfrentam pais narcisistas. Esses profissionais não apenas oferecem perspectivas imparciais, mas também facilitam estratégias específicas para lidar com os desafios emocionais que surgem desse relacionamento.

Estabelecendo Limites com o Apoio de Profissionais . O apoio emocional também se traduz na capacidade de estabelecer limites com o apoio dos profissionais. Os terapeutas podem oferecer orientação específica sobre como comunicar eficazmente os limites e gerenciar as reações potenciais dos pais narcisistas. Esta colaboração com profissionais cria um espaço onde o indivíduo pode construir estratégias personalizadas e sustentáveis para proteger o seu bem-estar emocional.

Participando de atividades de autocuidado . A busca de apoio emocional não se limita apenas à interação com outras pessoas, mas também envolve o envolvimento em atividades de autocuidado. Estas atividades funcionam como um bálsamo para a alma, proporcionando momentos de alívio e renovação. Da prática da meditação à imersão em hobbies apaixonantes, essas experiências tornam-se uma âncora fundamental em meio às tempestades emocionais.

Criando Espaços para Autocompaixão e Validação Interna . A autocompaixão e a validação interna surgem como fontes intrínsecas de apoio emocional. Reconhecer e aceitar as próprias emoções, sem julgamento, torna-se um ato de amor próprio. Cultivar uma narrativa interna que reflita a realidade da situação e o esforço constante para enfrentá-la fortalece a resiliência emocional.

Estabelecendo limites claros para sua própria saúde mental . Buscar apoio emocional envolve, em última análise, estabelecer limites claros para a própria saúde mental. Reconhecer quando é necessário distanciar-se, procurar ajuda ou simplesmente descansar torna-se uma habilidade crucial. Estes limites não só protegem o bem-estar emocional, mas também oferecem um lembrete constante da importância de colocar a saúde mental em primeiro plano.

Buscar apoio emocional ao enfrentar um pai narcisista é um ato de autenticidade e força. Através de conexões significativas com outras pessoas, aconselhamento profissional, envolvimento em atividades de autocuidado e cultivo de um relacionamento compassivo consigo mesmo, é construída uma forte estrutura emocional. Este apoio torna-se a bússola que orienta aqueles que enfrentam o desafio de um pai narcisista em direção à autenticidade, ao autocuidado e à resiliência emocional .

6.3. Terapia e aconselhamento: o farol na jornada de lidar com um pai narcisista

"Terapia e Aconselhamento" tornam-se o farol que orienta a jornada emocional, oferecendo um caminho estruturado para quem busca compreender, curar e construir estratégias práticas.

Explorando o poder de cura da terapia individual

A terapia individual surge como um espaço sagrado para explorar o impacto emocional de ter um pai narcisista. Um terapeuta treinado atua como um guia, proporcionando um terreno seguro para expressar emoções, desvendar padrões de pensamento e desenvolver estratégias para lidar com desafios. A terapia individual é um farol personalizado que ilumina áreas de crescimento e transformação.

Terapia Familiar: Navegando na Dinâmica Relacional

A terapia familiar é um farol que ilumina a dinâmica relacional. Neste espaço, os membros da família, incluindo o pai narcisista, podem trabalhar juntos para compreender e abordar padrões disfuncionais. A terapia familiar oferece um terreno neutro onde você pode estabelecer limites saudáveis e explorar novas formas de comunicação que promovam relacionamentos mais equitativos.

Terapia de Casal: Enfrentando Desafios Relacionais

Quando o relacionamento com o pai narcisista afeta a dinâmica do casal, a terapia de casal torna-se um farol que ilumina as águas tumultuadas. Aqui, os casais podem abordar como a dinâmica parental influencia a sua relação, desenvolver estratégias de apoio mútuo e fortalecer a ligação emocional. A terapia de casal atua como um roteiro para construir um vínculo forte em meio a desafios externos.

Terapia de Grupo: Compartilhando Experiências e Estratégias

A terapia de grupo apresenta-se como um farol coletivo, onde indivíduos que partilham desafios semelhantes podem encontrar consolo e perspectivas valiosas.

Este espaço oferece uma plataforma para compartilhar experiências, aprender estratégias eficazes e receber apoio daqueles que entendem a complexidade de ter um pai narcisista. A terapia de grupo torna-se uma luz orientadora através do poder de cura da comunidade.

Aconselhamento psicológico: desenvolvendo estratégias personalizadas

O aconselhamento psicológico se posiciona como um farol que orienta o desenvolvimento de estratégias personalizadas. Os conselheiros oferecem orientação especializada para enfrentar desafios específicos, como estabelecer limites, gerenciar a manipulação narcisista e cultivar a resiliência emocional. Esse tipo de assessoria torna-se uma bússola precisa que direciona esforços para soluções práticas e sustentáveis.

Terapia Cognitivo-Comportamental: Transformando Padrões de Pensamento

A terapia cognitivo-comportamental é um farol que ilumina a transformação dos padrões de pensamento. Esta abordagem terapêutica ajuda a identificar e alterar pensamentos disfuncionais, promovendo uma perspectiva mais equilibrada e adaptativa. A terapia cognitivo-comportamental atua como uma lanterna que revela as ferramentas para superar desafios emocionais profundamente enraizados.

Terapia Focada em Soluções: Focando no Crescimento Pessoal

A terapia focada na solução torna-se um farol que concentra a atenção no crescimento pessoal. Esta abordagem terapêutica centra-se na identificação e amplificação dos pontos fortes individuais, promovendo o desenvolvimento de estratégias que promovam a resiliência e o bem-estar emocional. A terapia focada na solução atua como uma luz orientadora que direciona você para o caminho do crescimento e da autorreflexão.

Através destes recursos, você encontrará a orientação necessária para compreender, curar e desenvolver estratégias que promovam uma vida emocionalmente equilibrada. Cada abordagem terapêutica e de aconselhamento torna-se uma luz que destaca diferentes aspectos do caminho, proporcionando apoio e direcionamento na busca pela autenticidade e pelo bem-estar emocional.

Capítulo 7: Cura de Feridas: Recuperando-se do Narcisismo Parental

Aqui entramos num terreno delicado: a identificação e o diagnóstico deste fenómeno psicológico. Este capítulo serve como um farol de conhecimento para aqueles que procuram compreender os sinais característicos do narcisismo, desvendar as suas complexidades e, em última análise, explorar as ferramentas que a psicologia fornece para diagnosticar com precisão esta construção multifacetada.

7.1. Processo de Cura: Navegando nas Águas da Recuperação

O "Processo de Cura" é extremamente importante em feridas emocionais tumultuadas, pois oferece um caminho para curar e avançar em direção a uma vida mais plena.

Passo número um: Reconhecendo e Validando Emoções .

A primeira etapa no processo de cura envolve reconhecer e validar as emoções. Permitir-se sentir e expressar dor, confusão e frustração é essencial. Este ato de autenticidade estabelece as bases para a cura, abrindo espaço para a verdade emocional, liberando o peso das experiências passadas.

Passo Número Dois: Estabelecendo Limites Saudáveis nos Relacionamentos

Durante o processo de cura, é necessário estabelecer limites saudáveis nos relacionamentos. Aprender a dizer "não" quando necessário e definir claramente o que é aceitável e inaceitável nas interações pessoais torna-se uma ferramenta crucial. Esses limites atuam como guardiões protetores da saúde emocional, preservando o espaço necessário para a recuperação.

Passo número três: Praticando a Autoaceitação e o Amor Próprio

A autoaceitação e o amor próprio surgem como faróis que iluminam o caminho para a cura. Reconhecer e abraçar o próprio valor, independentemente das expectativas narcisistas dos pais, torna-se uma prática essencial. Construir um relacionamento positivo consigo mesmo atua como um bálsamo que acalma feridas emocionais, promovendo resiliência e fortalecimento pessoal.

Passo número quatro: Cultivando Relacionamentos de Apoio e Companheirismo

A cura é fortalecida pelo cultivo de relações de apoio e companheirismo. Conectar-se com amigos, familiares ou grupos de apoio que compreendem as complexidades do narcisismo parental cria um ambiente no qual a compreensão e o apoio mútuos florescem. Estas relações funcionam como faróis comunitários, oferecendo conforto e incentivo na jornada de recuperação.

Passo número cinco: Buscando o aconselhamento profissional necessário .

O processo de cura se beneficia muito com a busca do aconselhamento profissional necessário. Psicólogos, terapeutas e conselheiros treinados orientam o processo, oferecendo ferramentas e estratégias adaptadas às necessidades individuais. Esta colaboração profissional torna-se um farol especializado que ilumina áreas específicas da jornada de cura.

Etapa número seis: Praticar o autocuidado regularmente

A prática regular do autocuidado apresenta-se como um farol que evidencia a importância da manutenção do bem-estar emocional. Desde atividades relaxantes até rotinas saudáveis, o autocuidado torna-se um ritual que nutre e fortalece. Essa prática constante reforça a resiliência emocional e atua como um guia para a estabilidade emocional.

Passo Número Sete: Desenvolvendo um Sentido de Propósito e Autenticidade

A cura é concluída com o desenvolvimento de um senso de propósito e autenticidade. Explorar paixões, objetivos e valores pessoais cria uma estrutura sólida para construir uma vida significativa e autêntica. Esse farol interior direciona para a autorrealização e a construção de uma narrativa de vida que supere as limitações impostas pelo narcisismo parental.

O processo de cura, como uma jornada de navegação emocional, envolve reconhecer e validar emoções, estabelecer limites saudáveis, praticar a autoaceitação , cultivar relacionamentos de apoio, procurar aconselhamento profissional, praticar o autocuidado e desenvolver um sentido de propósito. Cada um destes elementos tornam-se faróis que iluminam diferentes aspectos do caminho de recuperação, oferecendo orientação e esperança àqueles que procuram curar-se das feridas do narcisismo parental.

7.2. Construindo relacionamentos saudáveis: reconstruindo vínculos após o narcisismo parental

Construindo Relacionamentos Saudáveis torna-se um guia prático que ilumina o caminho para relacionamentos mais equitativos e enriquecedores, marcando uma etapa crucial no processo de recuperação.

Desaprendendo padrões relacionais prejudiciais

O processo de construção de relacionamentos saudáveis começa com o desaprendizado de padrões relacionais prejudiciais adquiridos durante a interação com um pai narcisista. Identificar e refletir sobre comportamentos tóxicos permite abrir espaço para a adoção de novas formas de comunicação e conexão emocional. Este passo é essencial para construir relacionamentos baseados no respeito mútuo e na equidade.

Promovendo uma comunicação aberta e autêntica

A base de relacionamentos saudáveis é baseada na comunicação aberta e autêntica. Praticar a expressão honesta de pensamentos e sentimentos, bem como promover um espaço onde outros também possam partilhar livremente, cria um terreno fértil para a compreensão mútua. A comunicação torna-se a ponte que une as pessoas num diálogo genuíno e enriquecedor.

Estabelecendo limites claros e respeitosos

Construir relacionamentos saudáveis envolve estabelecer limites claros e respeitosos. A capacidade de comunicar eficazmente o que é aceitável e o que não é numa relação contribui para um ambiente em que ambas as partes se sentem valorizadas e compreendidas. Esses limites atuam como guardiões da saúde relacional, preservando a harmonia e o equilíbrio.

Praticando Empatia e Compreensão Mútua

A prática da empatia e da compreensão mútua torna-se um farol que ilumina o caminho para relacionamentos saudáveis. Reservar um tempo para compreender as perspectivas e experiências dos outros, bem como ser compreendido, por sua vez, fortalece os laços emocionais. A empatia atua como uma ponte que conecta as pessoas em um nível mais profundo.

Cultivando confiança por meio da consistência

Construir relacionamentos saudáveis envolve cultivar confiança por meio da consistência. Cumprir promessas, ser confiável e mostrar autenticidade contribuem para a construção de um ambiente de confiança. A consistência torna-se a base sobre a qual uma conexão sólida e duradoura é construída.

Valorizando e Respeitando as Diferenças Individuais

No processo de construção de relacionamentos saudáveis, valorizar e respeitar as diferenças individuais destaca-se como uma prática essencial. Reconhecer que cada pessoa é única, com perspectivas e experiências próprias, promove a aceitação e a diversidade no relacionamento. Esse reconhecimento contribui para um ambiente em que cada indivíduo se sinta visto e apreciado.

Cultivando relacionamentos recíprocos e equitativos

Construir relacionamentos saudáveis envolve nutrir laços recíprocos e equitativos. A reciprocidade torna-se a força motriz que mantém o equilíbrio no relacionamento, onde ambas as partes contribuem significativamente para o crescimento e bem-estar mútuo. Esta abordagem equitativa cria um terreno fértil para relacionamentos duradouros e enriquecedores.

Aprendendo e crescendo juntos

Construir relacionamentos saudáveis é uma jornada contínua de aprendizado e crescimento juntos. Reconhecer que as pessoas evoluem e que as relações também passam por mudanças permite-nos adaptar-nos e ajustar-nos às novas necessidades. Esta abordagem dinâmica contribui para a sustentabilidade e vitalidade da ligação emocional.

Construir relacionamentos saudáveis após enfrentar o narcisismo parental torna-se uma jornada de reinvenção e descoberta. Desaprender padrões prejudiciais, encorajar a comunicação aberta, estabelecer limites respeitosos, praticar a empatia, cultivar a confiança, valorizar as diferenças individuais, nutrir relacionamentos equitativos e aprender e crescer juntos são passos essenciais para construir laços que nutrem a alma e promovem a autenticidade na vida. .

Capítulo 8: Intervenção Legal e Proteção Infantil

Esta é uma área crítica e socialmente relevante: intervenção legal e proteção infantil. Este capítulo não só destaca a necessidade premente de abordar as ramificações jurídicas do narcisismo parental, mas também constitui um farol de sensibilização e ação para proteger o bem-estar das crianças que podem ser afetadas pela dinâmica narcisista no ambiente familiar.

8.1. Custódia e Visitação em Casos de Narcisismo Parental

a. **Avaliação da Dinâmica Familiar por Profissionais Competentes** . Se houver suspeita de narcisismo parental, é essencial começar com uma avaliação minuciosa da dinâmica familiar por profissionais competentes. Psicólogos, assistentes sociais e outros especialistas em saúde mental podem oferecer informações especializadas para a compreensão do impacto do comportamento narcisista no ambiente familiar. Esta avaliação funciona como a primeira etapa para informar qualquer intervenção jurídica.

b. **Desenvolvimento de Documentação Detalhada de Incidentes e Padrões de Comportamento** . A construção de um caso jurídico forte requer documentação detalhada de incidentes e padrões de comportamento relacionados ao narcisismo parental. Manter registros de interações, comunicações e comportamentos inadequados fornece evidências tangíveis para apoiar qualquer solicitação legal. A documentação meticulosa torna-se o pilar sobre o qual se constrói a intervenção jurídica.

c. **Advogados Especializados em Direito de Família: Principais Aliados** . Enfrentar casos de narcisismo parental exige o aconselhamento de advogados especializados em direito de família. Esses profissionais tornam-se aliados essenciais, fornecendo orientação jurídica específica e desenvolvendo estratégias para lidar com as complexidades do caso. A escolha de um advogado com experiência em casos de narcisismo parental é crucial para garantir uma representação eficaz.

d. **Apresentação de Provas Substanciais em Audiências Jurídicas** . A apresentação de provas substanciais em audiências judiciais constitui uma tarefa essencial. Documentação detalhada e aconselhamento jurídico convergem neste ponto, apoiando a apresentação de provas concretas que demonstram o impacto do narcisismo parental na vida das crianças. A capacidade de articular de forma clara e persuasiva a necessidade de intervenção jurídica torna-se um fator determinante.

e. **Solicitações de modificação de custódia e restrições de visitação** . Em casos de narcisismo parental, podem ser necessários pedidos de modificação da custódia e restrições de visitação para salvaguardar o bem-estar das crianças. A intervenção jurídica centra-se no desenvolvimento de argumentos sólidos apoiados nas provas apresentadas, procurando estabelecer acordos que protejam os menores das dinâmicas nocivas associadas ao comportamento narcisista.

f. **Colaboração com Serviços de Proteção à Criança** . Em situações extremas, pode ser necessária a colaboração com serviços de proteção à criança. Trabalhar em conjunto com estes serviços envolve a partilha de informações relevantes e a coordenação de ações para garantir a segurança das crianças afetadas. A intervenção legal torna-se uma ponte que liga as famílias aos recursos necessários para salvaguardar o bem-estar das crianças.

g. **Monitoramento contínuo e ajustes conforme necessário** . Uma vez implementadas as medidas legais, o monitoramento contínuo e os ajustes necessários tornam-se práticas essenciais. A intervenção legal não termina com uma decisão judicial; pelo contrário, requer atenção constante para avaliar a eficácia das medidas implementadas e fazer ajustes à medida que a situação evolui.

h. **Apoio emocional para crianças e pais afetados** . Ao longo de todo o processo legal, o apoio emocional às crianças e aos pais afetados é crucial. A intervenção legal não se trata apenas de medidas formais, mas também de proporcionar um ambiente compassivo que apoie o bem-estar emocional de todos os envolvidos. Este apoio torna-se um farol que ilumina o caminho para a estabilidade e a protecção das crianças.

Navegar nas águas da intervenção legal e da protecção das crianças em casos de narcisismo parental exige uma estratégia clara, colaboração com profissionais competentes e um compromisso contínuo com o bem-estar das crianças. A intervenção jurídica e a protecção das crianças funcionam como faróis que orientam o caminho para a segurança e a justiça no meio das complexidades jurídicas associadas ao narcisismo parental.

8.2. Recursos jurídicos disponíveis: navegando no labirinto jurídico em casos de narcisismo parental

"Os recursos jurídicos disponíveis fornecem informações práticas sobre ferramentas jurídicas que podem ser utilizadas para lidar com situações de risco e proteger o bem-estar das crianças envolvidas.

- **Ordens de restrição e proteção** . As ordens de restrição e proteção são apresentadas como uma ferramenta legal crucial em casos de narcisismo parental. Estas ordens procuram proteger as vítimas de comportamentos prejudiciais, estabelecendo limites claros à interacção dos pais narcisistas. A obtenção de tal ordem pode fornecer uma camada adicional de segurança para as pessoas afetadas.

- **Ordens de Custódia Provisória** . Em situações urgentes, podem ser solicitadas ordens de custódia provisória para garantir a segurança imediata das crianças. Essas ordens permitem a modificação temporária da custódia enquanto ocorre um processo legal mais extenso. A sua aplicação centra-se na proteção dos menores contra possíveis danos derivados do narcisismo parental.

- **Avaliações psicológicas como prova em processos judiciais** . As avaliações psicológicas estão emergindo como uma forma crítica de prova em processos judiciais que envolvem narcisismo parental. Conduzidas por profissionais competentes, essas avaliações oferecem uma compreensão especializada do impacto do comportamento narcisista na dinâmica familiar. A apresentação destas avaliações fortalece a posição jurídica ao apoiar a necessidade de intervenção.

- **Mediação Familiar Supervisionada** . A mediação familiar supervisionada apresenta-se como uma opção para resolver conflitos em ambientes de narcisismo parental. Sob a supervisão de um profissional, a mediação busca encontrar soluções colaborativas entre as partes envolvidas. Esta ferramenta pode ser útil quando se procura uma abordagem mais equitativa, embora com supervisão constante.

- **Coordenadores de Pais como Facilitadores de Comunicação** . Nos casos em que a comunicação entre os pais é especialmente difícil, os coordenadores de pais podem desempenhar um papel crucial como facilitadores da comunicação. Esses profissionais neutralizam as tensões e incentivam um diálogo mais eficaz , buscando reduzir conflitos e promover acordos que beneficiem as crianças.

- **Advogados para Crianças em Procedimentos Legais** . A participação dos advogados de menores em processos judiciais é apresentada como uma forma de garantir que os interesses e necessidades dos menores sejam adequadamente representados. Estes advogados concentram-se na defesa do bem-estar das crianças, proporcionando uma voz jurídica independente para os seus direitos e segurança.

- **Programas obrigatórios de terapia familiar** . Algumas jurisdições podem exigir a participação em programas obrigatórios de terapia familiar em casos de narcisismo parental. Estes programas procuram abordar dinâmicas disfuncionais e fornecer ferramentas para melhorar a comunicação e a colaboração entre os pais. A participação nestas terapias pode ser uma condição legal para manter a custódia.

- **Recursos de Apoio às Vítimas de Violência Doméstica** . Nos casos em que o narcisismo parental se manifesta como violência doméstica, são essenciais recursos de apoio às vítimas de violência doméstica. Esses recursos incluem abrigos, linhas de apoio e serviços de aconselhamento que oferecem apoio emocional e orientação jurídica para aqueles que procuram escapar de situações perigosas.

- **Regulamentação do Contato e Comunicação Digital** . No cenário digital, a regulamentação do contacto e da comunicação digital torna-se um importante recurso jurídico. O estabelecimento de diretrizes claras sobre a interação em plataformas digitais e comunicação eletrónica pode ajudar a prevenir o bullying e a proteger as crianças da manipulação narcisista através destes canais.

- **Recursos legais para proteção de privacidade** . Proteger a privacidade em casos de narcisismo parental é vital. Os recursos legais para a protecção da privacidade procuram salvaguardar as informações sensíveis das crianças e dos pais afectados, evitando a sua utilização indevida pelo progenitor narcisista. Esses recursos concentram-se no estabelecimento de barreiras legais contra invasões não autorizadas.

A protecção das crianças é um imperativo social e este capítulo é apresentado como um apelo à acção para abordar eficazmente o impacto do narcisismo parental na vida das crianças e garantir um futuro mais seguro e saudável.

Capítulo 9: O Papel da Sociedade e dos Profissionais na Prevenção e Tratamento

O papel da sociedade e dos profissionais na prevenção e tratamento desta realidade psicológica é fundamental. Este capítulo constitui um apelo à acção, explorando a forma como a sociedade e os especialistas podem colaborar eficazmente para prevenir e abordar o narcisismo nas suas diversas manifestações.

9.1. Educação sobre narcisismo parental: desmistificando e enfrentando um desafio contemporâneo

Desmistificando o Narcisismo Parental na Sociedade . A educação sobre o narcisismo parental começa com a desmistificação deste fenômeno na sociedade. A divulgação de informação clara e acessível sobre o que implica o narcisismo parental, como se manifesta e quais os seus impactos, ajuda a dissipar mitos e mal-entendidos que rodeiam este problema. A clareza na comunicação torna-se a base para a compreensão e a ação informada.

Reconhecimento de Sinais e Sintomas por Profissionais de Saúde e Educadores . Para prevenir e abordar o narcisismo parental, é crucial que os profissionais de saúde e educadores reconheçam os sinais e sintomas associados. A formação específica sobre este tema dota estes profissionais da capacidade de identificar situações potencialmente prejudiciais e de realizar intervenções precoces. O reconhecimento constitui a primeira linha de defesa para salvaguardar o bem-estar das crianças.

Integração de Conteúdos sobre Narcisismo Parental em Programas Educacionais . A inclusão de conteúdos sobre narcisismo parental em programas educacionais apresenta-se como uma estratégia eficaz para atingir um público mais amplo. Integrar informação sobre este tema nos programas escolares e de formação profissional ajuda a sensibilizar desde cedo e prepara os futuros profissionais para enfrentar situações de narcisismo parental com sensibilidade e conhecimento.

Workshops e Seminários para Pais e Cuidadores . A organização de workshops e seminários específicos para pais e cuidadores torna-se uma plataforma eficaz para fornecer educação sobre o narcisismo parental. Esses eventos oferecem um espaço para discutir a dinâmica familiar, compartilhar estratégias de enfrentamento e receber orientações de profissionais. A interação direta torna-se um meio poderoso de transmissão de informações e de promoção do diálogo.

Campanhas de Sensibilização nos Meios de Comunicação Social e nas Redes Sociais . Campanhas de conscientização na mídia e nas redes sociais ampliam o alcance da educação sobre o narcisismo parental. O uso de plataformas de mídia para compartilhar histórias, dados e recursos relevantes pode atingir diversos públicos. Estas campanhas procuram não só informar, mas também encorajar uma conversa aberta sobre o narcisismo parental na sociedade.

Desenvolvimento de Recursos Educacionais Online Acessíveis . O desenvolvimento de recursos educacionais online acessíveis apresenta-se como uma ferramenta versátil para atingir um público amplo. A criação de conteúdo digital, como vídeos, infográficos e artigos informativos, facilita o acesso a informações sobre o narcisismo parental a qualquer hora e em qualquer lugar. A acessibilidade torna-se um facilitador fundamental para a disseminação do conhecimento.

Colaboração com Organizações de Apoio e Associações Profissionais . A colaboração com organizações de apoio e associações profissionais fortalece a rede de recursos disponíveis. Trabalhar em conjunto com entidades comprometidas com a prevenção e tratamento do narcisismo parental amplifica a eficácia das iniciativas educativas. A sinergia entre profissionais, organizações e sociedade em geral torna-se uma frente unificada contra este desafio.

Promovendo a autoexploração e a busca de ajuda . A educação sobre o narcisismo parental procura não apenas informar, mas também promover a auto-exploração e a procura de ajuda. Incentivar a reflexão pessoal sobre padrões de comportamento e oferecer recursos para quem procura apoio torna-se uma estratégia preventiva essencial. Promover a ajuda precoce pode fazer a diferença na vida de quem enfrenta este desafio.

Programas de conscientização para profissionais jurídicos e de serviços sociais . Para garantir uma resposta eficaz nos casos de narcisismo parental, é crucial implementar programas de sensibilização para profissionais jurídicos e de serviços sociais. Estes programas fornecem informação específica sobre como abordar situações jurídicas e sociais relacionadas com o narcisismo parental, potenciando a capacidade destes profissionais para intervir de forma informada e sensível.

Avaliação Contínua e Adaptação de Estratégias Educacionais . A educação sobre o narcisismo parental requer avaliação contínua e adaptação de estratégias educativas. A evolução da compreensão e das necessidades da sociedade exige uma resposta ágil e flexível. A avaliação constante garante que as estratégias educativas sejam eficazes e alinhadas com os desafios contemporâneos associados ao narcisismo parental.

A educação, a desmistificação e a ação informada estão interligadas na luta contra o narcisismo parental. A educação sobre este fenómeno contemporâneo não só ilumina a realidade deste problema, mas também capacita a sociedade e os profissionais para abordá-lo com compreensão e eficácia.

9.2. Recursos para Profissionais de Saúde Mental: Ferramentas Essenciais na Prevenção e Tratamento do Narcisismo Parental

Treinamento especializado para lidar com o narcisismo parental

A formação especializada é apresentada como base para os profissionais de saúde mental abordarem o narcisismo parental. Programas de formação, workshops e cursos específicos oferecem aos terapeutas e psicólogos as ferramentas conceituais e práticas necessárias para compreender as complexidades desta dinâmica familiar e desenvolver estratégias de intervenção eficazes.

Supervisão Clínica de Casos de Narcisismo Parental

A supervisão clínica específica para casos de narcisismo parental surge como uma ferramenta valiosa. A complexidade destas dinâmicas familiares exige um espaço de reflexão e consulta com supervisores clínicos experientes. Esta prática não só fornece orientação, mas também contribui para o desenvolvimento contínuo de competências clínicas especializadas.

Protocolos Específicos de Avaliação e Diagnóstico

Ter protocolos específicos de avaliação e diagnóstico para o narcisismo parental é essencial. Esses protocolos permitem aos profissionais de saúde mental identificar padrões de comportamento narcisista e avaliar o impacto na dinâmica familiar. O uso de ferramentas padronizadas melhora a consistência e a precisão na avaliação dos casos.

Recursos bibliográficos e artigos especializados

A consulta de recursos bibliográficos e artigos especializados atua como fonte contínua de conhecimento para profissionais de saúde mental. A pesquisa contínua na literatura acadêmica sobre o narcisismo parental fornece informações atualizadas, perspectivas teóricas e estratégias inovadoras que enriquecem a prática clínica.

Redes de colaboração com outros profissionais e especialistas

Criar e participar em redes colaborativas com outros profissionais e especialistas na área do narcisismo parental amplia as perspectivas e os recursos disponíveis. Estabelecer ligações com colegas, participar em grupos de discussão e participar em conferências permite a partilha de experiências, estratégias de sucesso e desafios, fortalecendo assim a resposta colectiva ao narcisismo parental.

Ferramentas de intervenção terapêutica especializada

O acesso a ferramentas de intervenção terapêutica especializada é crucial. Estas ferramentas podem incluir abordagens terapêuticas específicas, técnicas de intervenção personalizadas e recursos concebidos para enfrentar os desafios específicos apresentados pelo narcisismo parental. A adaptabilidade nas estratégias terapêuticas torna-se uma habilidade essencial.

Formação Contínua em Terapias Inovadoras

A formação contínua em terapias inovadoras oferece aos profissionais de saúde mental uma perspectiva atualizada sobre abordagens terapêuticas emergentes. Manter-se informado sobre as novas tendências e terapias comprovadas em casos de narcisismo parental enriquece o repertório clínico, permitindo uma adaptação eficaz às novas necessidades dos pacientes.

Consulta com Peritos Forenses em Casos Jurídicos

Em situações que envolvem aspectos jurídicos, a consulta a peritos forenses em casos de narcisismo parental é uma prática valiosa. Estes especialistas podem fornecer informações especializadas que apoiam o trabalho clínico e facilitam a compreensão dos tribunais sobre as complexidades do narcisismo parental. A colaboração entre profissionais de saúde mental e peritos forenses fortalece a resposta abrangente.

Participação em Grupos de Supervisão e Discussão Profissional

A participação em grupos de supervisão e discussão profissional oferece um espaço para troca de experiências, desafios e soluções entre colegas. Estes grupos promovem um ambiente de aprendizagem mútua e incentivam a colaboração entre profissionais de saúde mental que lidam com casos de narcisismo parental, contribuindo assim para a melhoria contínua da prática clínica.

Acesso a recursos de apoio emocional para profissionais

O acesso a recursos de apoio emocional para profissionais de saúde mental é essencial para abordar o narcisismo parental. Dada a natureza desafiadora destes casos, ter espaços para compartilhar as experiências emocionais ligadas ao trabalho clínico torna-se um componente chave para o bem-estar do terapeuta.

Os recursos à disposição dos profissionais de saúde mental interligam-se para formar um conjunto abrangente de ferramentas destinadas à prevenção e tratamento do narcisismo parental. A formação especializada, a supervisão clínica, as redes colaborativas e as ferramentas de intervenção terapêutica combinam-se para fortalecer a capacidade dos profissionais e melhorar a qualidade dos cuidados neste complexo cenário clínico.

Capítulo 10: Histórias de Superação e Resiliência

Neste capítulo veremos como os testemunhos do poder humano para enfrentar desafios extraordinários, iluminando o caminho para a recuperação e transformação depois de viver sob a influência do narcisismo, nos ajudarão a trabalhar este tema.

10.1. Depoimentos de pessoas que superaram a influência de pais narcisistas: vozes de resiliência

Cheias de resiliência, essas histórias nos oferecem uma visão única dos desafios, das lutas e, em última análise, do triunfo sobre as consequências emocionais da paternidade narcisista.

Reconhecendo o impacto inicial da influência narcisista

Os depoimentos revelam um início comum: o reconhecimento do impacto inicial da influência narcísica. Muitos relatam como, nos primeiros estágios de suas vidas, vivenciaram confusão, baixa autoestima e a sensação de não serem suficientes. A manipulação emocional e a falta de empatia por parte dos pais narcisistas criaram um terreno emocional complexo.

O Processo de Despertar e Compreender a Dinâmica Familiar

À medida que essas pessoas cresceram, o processo de despertar e compreender a dinâmica familiar tornou-se um marco crucial. Muitos relatam momentos de clareza, muitas vezes desencadeados por experiências externas ou pela interação com figuras de apoio. Esse processo marcou o início da reconstrução de sua identidade e da compreensão de que mereciam uma vida livre da sombra narcísica.

Estratégias de enfrentamento desenvolvidas de forma autônoma

O enfrentamento da influência narcisista exigiu a adoção de estratégias de enfrentamento desenvolvidas de forma autônoma. Os depoimentos refletem uma diversidade de abordagens, desde a busca de apoio emocional até o estabelecimento de limites saudáveis. A criatividade e a determinação destes indivíduos surgem como elementos centrais no seu caminho para a recuperação.

Estabelecendo limites e priorizando seu próprio bem-estar

O estabelecimento de limites destaca-se como uma estratégia comum entre aqueles que superaram a influência dos pais narcisistas. Aprender a dizer "não", estabelecer limites claros e priorizar o próprio bem-estar tornou-se um ato libertador. Esses depoimentos destacam a importância da autonomia emocional e da capacidade de tomar decisões alinhadas ao seu próprio bem-estar.

Busca Ativa de Apoio Profissional e Social

A busca ativa por apoio profissional e social surge como um fio condutor nessas histórias. Muitos relatam como a terapia e a conexão com comunidades de apoio foram essenciais. Esses depoimentos destacam a importância de ter um espaço seguro para expressar as experiências vividas e receber orientações de quem entende a complexidade da influência narcisista.

Transformação Pessoal e Desenvolvimento da Autoestima

A transformação pessoal e o desenvolvimento da autoestima são testemunhos vívidos de resiliência. Através da busca ativa pela autoaceitação e pelo amor próprio, esses indivíduos conseguiram libertar-se das cadeias emocionais impostas pela parentalidade narcisista. As suas histórias inspiram outros a embarcar numa viagem semelhante em direcção à reconstrução pessoal.

Relacionamentos Saudáveis e Construindo Suas Próprias Famílias

O testemunho daqueles que superaram a influência dos pais narcisistas muitas vezes inclui a narrativa da construção de relacionamentos saudáveis e da formação de suas próprias famílias. A capacidade de aprender com experiências passadas e aplicar essas aprendizagens em novos relacionamentos demonstra resiliência e capacidade de quebrar ciclos familiares prejudiciais.

Inspirando outras pessoas a enfrentar e superar desafios semelhantes

Estes testemunhos não só partilham experiências pessoais, mas também servem como fonte de inspiração para aqueles que enfrentam desafios semelhantes. A resiliência desses indivíduos atua como um guia, demonstrando que a melhoria é possível e que é possível construir uma vida plena após a paternidade narcisista.

Fechando Ciclos e Empoderamento Pessoal

O encerramento de ciclos torna-se um tema recorrente nestes testemunhos. A capacidade de encerrar capítulos dolorosos e avançar em direção ao empoderamento pessoal manifesta-se como uma conquista significativa. Esses indivíduos, por meio de suas histórias, transmitem a ideia de que o passado não define o seu futuro e que a resiliência pode ser a pedra angular de uma vida plena.

Mensagem de esperança para aqueles que ainda lutam

Em última análise, estes testemunhos transmitem uma mensagem de esperança para aqueles que ainda lutam contra a influência de pais narcisistas. A resiliência e a capacidade de superar as adversidades emocionais apresentam-se como um caminho possível. Estas histórias convidam aqueles que estão no meio da luta a acreditar na sua própria força e capacidade de construir um futuro mais saudável e enriquecedor.

10.2. Lições aprendidas e conselhos práticos: sabedoria daqueles que superaram a influência de pais narcisistas

Estas vozes de resiliência não só partilham as suas histórias, mas também oferecem lições e orientações valiosas para aqueles que estão no caminho da recuperação.

Cultive a Autoaceitação e a Autoestima . Uma lição central que se destaca é a importância de cultivar a autoaceitação e a autoestima. Aqueles que superaram a influência narcisista enfatizam a necessidade de abraçar o seu próprio valor, independentemente das expectativas impostas na infância. Construir uma autoimagem positiva torna-se um passo essencial para a recuperação.

Estabeleça e mantenha limites claros . A lição de estabelecer e manter limites claros é apresentada como um elemento essencial no caminho para a recuperação. Aprender a dizer "não" e a se proteger emocionalmente é crucial para evitar a manipulação contínua. Esses indivíduos alertam que a firmeza na criação de limites contribui significativamente para a preservação da saúde mental.

Procure ativamente apoio profissional e social . O conselho prático para procurar ativamente apoio profissional e social ressoa nestas histórias. Terapia, grupos de apoio e conexão com pessoas que entendem suas experiências tornam-se elementos essenciais. Aqueles que superaram a influência narcisista encorajam os outros a não terem medo de procurar ajuda e a construir redes de apoio fortes.

Aprenda a distinguir entre responsabilidade própria e responsabilidade herdada . A lição de aprender a distinguir entre a responsabilidade própria e a responsabilidade herdada é crucial. Aqueles que superaram a influência narcisista partilham como, ao reconhecerem que não são responsáveis pelas ações e atitudes dos seus pais, libertaram um peso emocional significativo. Este discernimento permite maior clareza e autonomia.

Desenvolver resiliência diante da adversidade . A capacidade de desenvolver resiliência diante da adversidade é uma lição notável. Esses indivíduos enfatizam como enfrentar desafios e aprender a se adaptar fortalece a resiliência emocional. A superação de obstáculos torna-se fonte de empoderamento, demonstrando que a adversidade pode ser transformada em oportunidade de crescimento pessoal.

Comemore pequenas conquistas no caminho da recuperação . O conselho prático de celebrar pequenas conquistas no caminho da recuperação surge como um lembrete valioso. Aqueles que superaram a influência narcisista destacam a importância de reconhecer e celebrar cada progresso, por menor que seja. Essas comemorações reforçam a autoestima e nos motivam a seguir em frente na busca por uma vida mais saudável.

Promova relacionamentos saudáveis e nutritivos . A lição de promover relacionamentos saudáveis e nutritivos é uma prioridade. Aqueles que superaram a influência narcisista aconselham cultivar conexões positivas baseadas no respeito mútuo, na empatia e no apoio. Estas relações funcionam como um contrapeso à dinâmica familiar tóxica, proporcionando um espaço de crescimento e cura.

Pratique a autocompaixão e a paciência consigo mesmo . A importância de praticar a autocompaixão e a paciência consigo mesmo é destacada como lição essencial. Superar a influência dos pais narcisistas é um processo gradual, e esses indivíduos aconselham ser gentis consigo mesmos em momentos de dificuldade. A autocompaixão torna-se um farol de luz na jornada em direção à recuperação.

Envolva-se no processo contínuo de autodescoberta . A lição de abraçar o processo de autodescoberta contínua é destacada por aqueles que superaram a influência narcisista. A vida é uma jornada constante de aprendizado e crescimento, e esses indivíduos incentivam os outros a explorarem novas dimensões de si mesmos, libertando-se das limitações impostas na infância.

Inspire outras pessoas compartilhando suas experiências . Finalmente, aqueles que superaram a influência narcisista encontram sentido em inspirar outras pessoas, compartilhando suas experiências. Contar histórias de melhora não é apenas terapêutico para eles, mas também serve como fonte de esperança e orientação para aqueles que ainda estão em processo de recuperação. O ato de compartilhar experiências torna-se um presente de resiliência para a comunidade.

Capítulo 11: Reconhecendo e abordando o autocuidado na jornada para a recuperação

Neste capítulo final, exploraremos um aspecto crucial, mas muitas vezes esquecido, da jornada para a recuperação do narcisismo em adultos: o autocuidado. À medida que navegamos pelos diferentes aspectos do narcisismo, é essencial parar e refletir sobre como os indivíduos podem cultivar práticas de autocuidado para fortalecer o seu bem-estar emocional e psicológico.

O papel central do autocuidado na recuperação

A recuperação do narcisismo não envolve apenas abordar dinâmicas e padrões nos relacionamentos, mas também priorizar o bem-estar pessoal. Este capítulo começa com uma exploração da razão pela qual o autocuidado é essencial no processo de recuperação, destacando o seu papel central no fortalecimento da resiliência e na construção de uma base sólida para o crescimento pessoal.

Identificando e desafiando crenças limitantes

O autocuidado começa com a identificação e o desafio de crenças limitantes enraizadas durante experiências narcisistas. Este capítulo aborda como as pessoas podem trabalhar para redefinir a percepção que têm de si mesmas, cultivando uma autoimagem mais saudável e positiva.

Práticas de autocuidado: uma abordagem holística

Do cuidado físico ao bem-estar emocional e espiritual, este capítulo explora práticas de autocuidado num sentido holístico. São oferecidas estratégias práticas e acessíveis, desde a incorporação de hábitos saudáveis até a exploração de atividades que nutrem a alma e promovam a conexão consigo mesmo.

Estabelecendo Limites no Autocuidado

A capacidade de estabelecer limites saudáveis é essencial no autocuidado durante a recuperação do narcisismo. Ele examina como os indivíduos podem aprender a dizer "não", estabelecer limites claros nos relacionamentos e preservar sua energia emocional no caminho da cura.

O papel da comunidade no apoio ao autocuidado

O apoio comunitário e social são elementos cruciais no processo de autocuidado. Este capítulo destaca a importância de construir ligações significativas, partilhar experiências e receber apoio daqueles que compreendem a complexidade da recuperação do narcisismo.

Compreendendo a relevância do autocuidado

O caminho para a recuperação do narcisismo envolve, na sua essência, uma transformação profunda e sustentada. Neste contexto, a importância do autocuidado reside na sua capacidade de nutrir e fortalecer a pessoa ao longo deste processo. Esta seção começa com uma reflexão sobre por que o autocuidado não é apenas um luxo, mas uma necessidade imperiosa na busca pela saúde mental e emocional.

Autocuidado como um ato de capacitação pessoal

Abordar o narcisismo requer um ato corajoso de capacitação pessoal. Aqui, exploramos como o autocuidado se torna uma ferramenta poderosa para recuperar o controle sobre a própria vida e redescobrir a autenticidade, permitindo que os indivíduos avancem em direção a uma versão mais forte e mais consciente de si mesmos.

Práticas concretas de autocuidado

Esta seção oferece uma visão detalhada de práticas específicas de autocuidado que podem ser incorporadas à sua rotina diária. Do mindfulness e da meditação à prática de atividades que estimulam a criatividade e a expressão pessoal, são apresentadas estratégias concretas para cultivar o bem-estar nas diferentes dimensões da vida.

A importância do autocuidado físico e emocional

O autocuidado não se limita aos aspectos emocionais; Também abrange o bem-estar físico. Aqui, examina-se a importância da manutenção de hábitos saudáveis, desde a atividade física até uma alimentação balanceada, como contribuições essenciais para o autocuidado integral.

Superando Obstáculos: Auto-indulgência como um ato de amor próprio

O autocuidado é muitas vezes prejudicado por padrões enraizados durante experiências narcisistas. Esta seção explora como superar a autoexigência excessiva e abraçar a autoindulgência como um ato de amor próprio, permitindo-se receber o cuidado e a atenção que merece.

Um compromisso duradouro com o seu próprio bem-estar. Ao concluir este capítulo adicional, é enfatizada a importância de manter um compromisso duradouro com o próprio bem-estar. A recuperação do narcisismo é uma jornada contínua e o autocuidado é apresentado como uma ferramenta essencial para cultivar a força interior necessária para abraçar um futuro cheio de autenticidade, crescimento e satisfação pessoal.

Conclusão: Rumo a um Futuro de Cura e Empoderamento

Ao longo destas páginas, exploramos a intrincada dinâmica que caracteriza o crescimento à sombra de pais narcisistas. Nesta jornada desvendamos as complexidades emocionais e psicológicas que surgem neste ambiente, mas também destacamos as possibilidades de crescimento e transformação pessoal. A conclusão da nossa jornada convida-nos a olhar para frente, em direção a um futuro de cura e capacitação.

No centro desta jornada está a resiliência humana inabalável. Apesar das vicissitudes emocionais e das feridas infligidas pela paternidade narcisista, testemunhamos quantos indivíduos encontraram forças para enfrentar as suas experiências, compreendê-las e, em última análise, procurar a cura. Esta resiliência é uma manifestação poderosa da capacidade humana de superar as adversidades e emergir mais forte .

A consciência e a compreensão profunda da dinâmica narcisista são pedras angulares no caminho da cura. Ao longo destas páginas, exploramos padrões de comportamento narcisista, o impacto nas crianças e estratégias para lidar com este desafio. Nesse processo, os leitores adquiriram as ferramentas necessárias para identificar e compreender a influência narcisista em suas vidas.

Estabelecer limites saudáveis revela-se como um ato de autoafirmação e proteção emocional. Ao reconhecer a importância de estabelecer limites claros face à manipulação e à falta de empatia, aqueles que viveram sob a sombra de pais narcisistas dão um passo crucial em direcção à autonomia emocional. Da mesma forma, buscar apoio, seja por meio de terapia, grupos de apoio ou relacionamentos significativos, apresenta-se como estratégia fundamental para não enfrentar sozinho os desafios derivados da parentalidade narcisista.

O processo de fechamento de ciclos e cura de feridas é uma jornada individual, mas compartilhada por muitos. As histórias de superação e resiliência, apresentadas ao longo destas páginas, não apenas inspiram, mas também apontam que a cura é possível. Ao cultivar a autoaceitação , estabelecer relacionamentos saudáveis e aprender a distinguir entre responsabilidade pessoal e herdada, os indivíduos conseguiram transcender as limitações impostas pela paternidade narcisista.

A educação sobre o narcisismo parental não serve apenas como ferramenta de identificação, mas também como meio de aumentar a consciência social. Reconhecer a influência do narcisismo na parentalidade é o primeiro passo para desafiar as normas disfuncionais e promover a mudança cultural. Esta mudança não só beneficia os indivíduos diretamente afetados, mas também contribui para a construção de comunidades mais compreensivas e solidárias.

A intervenção legal e a proteção infantil surgem como aspectos cruciais na criação de um ambiente seguro para filhos de pais narcisistas. Este capítulo não só aborda os recursos legais disponíveis, mas também destaca a responsabilidade coletiva da sociedade e dos profissionais em garantir o bem-estar dos mais vulneráveis nestas dinâmicas familiares.

Olhar para o futuro envolve não só reconhecer as feridas do passado, mas também projectar uma visão para o futuro baseada na cura e na capacitação.

Construir relacionamentos saudáveis, buscar ativamente apoio emocional e cultivar uma forte autoestima são passos essenciais nesta jornada.

Em última análise, "Pais Narcisistas" não procura apenas fornecer visão e compreensão, mas também agir como um farol de esperança. Cada palavra escrita tem como objetivo oferecer orientação para aqueles que buscam superar as consequências da paternidade narcisista. Este livro é um testemunho da capacidade humana de transformar a dor em crescimento, a confusão em clareza e a adversidade em resiliência.

Ao fecharmos estas páginas, carregamos conosco a certeza de que o futuro pode ser moldado pelas escolhas que fazemos hoje. Que cada leitor encontre nestas palavras não apenas uma reflexão sobre o passado, mas também um mapa para a jornada em direção a um futuro de cura e capacitação. A resiliência é a bússola que orienta esse caminho, e a promessa de um amanhã melhor é a estrela que ilumina o horizonte. Que a cura e o empoderamento sejam as chaves que abrem as portas para um futuro cheio de possibilidades e bem-estar emocional.

Don't miss out!

Visit the website below and you can sign up to receive emails whenever Publicações de Alexandria publishes a new book. There's no charge and no obligation.

https://books2read.com/r/B-A-WDVCB-NUDUC

BOOKS2READ

Connecting independent readers to independent writers.

Did you love *Pais Narcisistas: O Desafio de Ser Filho ou Filha de um Pai Narcisista, e Como Superar. Um Guia para Cura e Recuperação Após o Abuso Dissimulado*? Then you should read *Narcissistic Mothers: The Truth about Being a Daughter of a Narcissistic Mother, and How to Overcome It. A Guide to Healing and Recovering from Narcissistic Abuse.*[1] by Alexandria Publications!

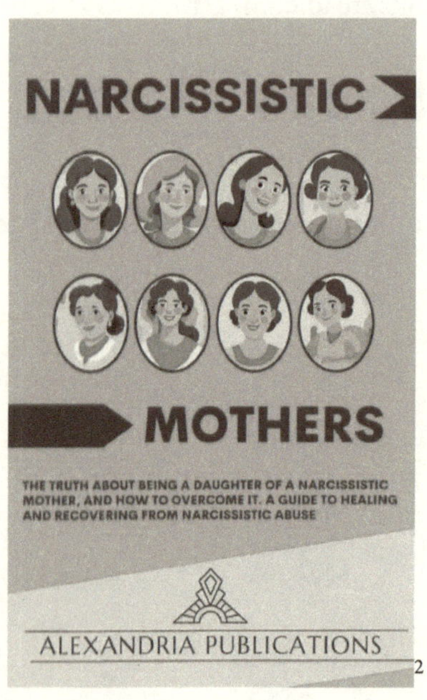

[2]

Uncover the revealing truth about being the daughter of a narcissistic mother and how to overcome this challenge with our transformative guide: "Narcissistic Mothers"!

Delve into the complexities of the mother-daughter relationship and discover powerful strategies to heal and recover from narcissistic abuse. This book not only sheds light on the realities of being a daughter of a narcissistic mother but also provides a clear roadmap to healing and restoring your emotional well-being.

Why is this book essential for you?

---

1. https://books2read.com/u/4ALEqp

2. https://books2read.com/u/4ALEqp

Impactful Revelation: Unravel narcissistic patterns and discover how they impact your daily life, providing crucial clarity for your healing journey.

Personalized Healing Guide: Offers specific strategies and practical tools tailored to your unique experience, empowering you to move confidently toward recovery.

Deep Understanding: Explore the complex dynamics of the mother-narcissist relationship and identify signs of narcissistic abuse. Gain a profound understanding that will empower you on your path to recovery.

Inspiring Testimonials: Through touching stories and real-life testimonials, find inspiration and connection with others who have overcome similar challenges.

Also by Publicações de Alexandria

Hipnose Extrema para Perda Rápida de Peso em Mulheres: Aprenda a Perder Peso com Hipnose e Poder Mental.

Aprender a Administrar o Dinheiro: Educação Financeira desde a Infáncia até a Adolescencia.Ensinando seus Filhos a Poupar, Gastar e Investir de Forma Inteligente.

Pais Narcisistas: O Desafio de Ser Filho ou Filha de um Pai Narcisista, e Como Superar. Um Guia para Cura e Recuperação Após o Abuso Dissimulado

Mães Narcisistas: A Verdade sobre ser Filha de uma Mãe Narcisista e Como Superar. Um Guia para Cura e Recuperação após o Abuso Narcisista

About the Author

Na Publicações de Alexandria nos dedicamos a oferecer trabalhos de qualidade apoiados por especialistas especializados em diversos temas. Nosso compromisso com a excelência se reflete em cada livro que publicamos. Colaboramos estreitamente com autores apaixonados para trazer a você uma ampla gama de conhecimentos em diversas áreas. Nossa missão é fornecer leituras valiosas e enriquecedoras que alimentem sua curiosidade e inspirem você a mergulhar no fascinante mundo do conhecimento. Bem-vindo a uma jornada constante de descoberta!

www.ingramcontent.com/pod-product-compliance
Lightning Source LLC
Chambersburg PA
CBHW031801150726

47989CB00006B/2835